Un personnage mystérieux dans l'école

1 Quel jour nous sommes ?
- ☐ ⓐ Vendredi
- ☐ ⓑ Mercredi
- ☐ ⓒ Mardi

2 Où va en premier le personnage mystérieux ?
- ☐ ⓐ Dans une classe
- ☐ ⓑ Dans le bureau du directeur
- ☐ ⓒ Dans la salle de sport

3 Quel est le code pour ouvrir le coffre-fort ?
- ☐ ⓐ 25-35-58-42-17
- ☐ ⓑ 35-25-58-42-17
- ☐ ⓒ 25-53-85-42-17

4 Quel objet prend le personnage mystérieux ?
- ☐ ⓐ Il prend une boîte rose.
- ☐ ⓑ Il prend un papier.
- ☐ ⓒ Il prend une boîte rouge.

5 À quelle heure Enzo et Kenza sortent de l'école ?
- ☐ ⓐ À 16 h 00
- ☐ ⓑ À 16 h 30
- ☐ ⓒ À 16 h 35

Où est le personnage mystérieux ?

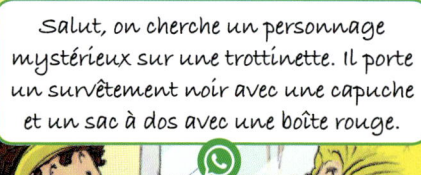

1 **Comment se déplace le personnage mystérieux ?**
- ☐ ⓐ À vélo
- ☐ ⓑ En roller
- ☐ ⓒ En trottinette

2 **Décris les vêtements du personnage mystérieux.**
- ☐ ⓐ Il porte un survêtement blanc avec une capuche.
- ☐ ⓑ Il porte un survêtement noir avec une capuche.
- ☐ ⓒ Il porte un survêtement bleu avec une capuche.

3 **Quelle activité font Clara et ses amis ?**
- ☐ ⓐ Ils jouent au basket.
- ☐ ⓑ Ils jouent au football.
- ☐ ⓒ Ils jouent au tennis.

4 **Quel instrument de musique joue Léo ?**
- ☐ ⓐ Il joue du violon.
- ☐ ⓑ Il joue de la flûte.
- ☐ ⓒ Il joue du saxophone.

5 **Comment se déplacent Amélie et Fred ?**
- ☐ ⓐ Ils font du roller.
- ☐ ⓑ Ils font du vélo.
- ☐ ⓒ Ils font de la trottinette.

Les courses du directeur

1 Quels sont les magasins où va le directeur ?

- ⓐ Un magasin de jouets et une librairie
- ⓑ Un magasin de sport et une librairie
- ⓒ Un magasin de sport et une boulangerie

2 Quel est le prix du matériel de sport ?

- ⓐ 99 euros et 85 centimes.
- ⓑ 89 euros et 85 centimes
- ⓒ 79 euros et 85 centimes

3 Quel est le prix des livres ?

- ⓐ 95 euros et 75 centimes
- ⓑ 96 euros et 75 centimes
- ⓒ 97 euros et 75 centimes

4 Où se trouve l'argent pour payer ?

- ⓐ Dans le sac blanc
- ⓑ Dans le coffre
- ⓒ Dans la boîte rouge

5 Pourquoi le directeur n'est pas content ?

- ⓐ Parce qu'il a perdu la clé.
- ⓑ Parce qu'il a oublié l'argent de l'école.
- ⓒ Parce qu'on a volé la clé.

Où est la maison ?

1 **Où sont Kenza et Enzo ?**
- ⓐ À l'école
- ⓑ Dans la rue
- ⓒ Dans la vieille maison

2 **De quel objet ont besoin Kenza et Enzo pour avoir de la lumière ?**
- ⓐ Une bougie
- ⓑ Une lampe de poche
- ⓒ Un téléphone

3 **Pourquoi Enzo appelle Matéo ?**
- ⓐ Pour qu'il apporte une lampe de poche
- ⓑ Pour parler de l'école
- ⓒ Pour demander s'il va bien

4 **Matéo se déplace comment ?**
- ⓐ Il se déplace en trottinette.
- ⓑ Il se déplace à vélo.
- ⓒ Il se déplace en roller.

5 **Indique le chemin pour arriver à la vieille maison.**
- ⓐ Devant le cinéma, il tourne à droite et à la gare, il tourne à droite, et il continue tout droit.
- ⓑ Devant le cinéma, il tourne à gauche et à la gare, il tourne à gauche, et il continue tout droit.
- ⓒ Devant le cinéma, il tourne à gauche et à la gare, il tourne à droite, et il continue tout droit.

La boîte rouge

1 Qu'est-ce que les enfants trouvent sous la table ?
- ⓐ Un chiffon rouge
- ⓑ Une lampe de poche
- ⓒ Un téléphone rouge

2 Dans l'image 2, où sont Kenza, Matéo et Enzo ?
- ⓐ Dans la salle à manger
- ⓑ Dans la salle de bain
- ⓒ Dans les toilettes

3 Où sont Kenza, Matéo et Enzo dans l'image 3 ?
- ⓐ Dans la salle de bain
- ⓑ Dans la cuisine
- ⓒ Dans la chambre

4 Qu'est-ce qu'il y a sous le lit dans la chambre ?
- ⓐ Une souris
- ⓑ Une lampe de poche
- ⓒ Une boîte rouge

5 Qu'est-ce qu'ils trouvent dans la cuisine ?
- ⓐ Une boîte rouge avec un code
- ⓑ Une lampe de poche
- ⓒ Une souris

Le personnage mystérieux

1 Où sont Matéo, Enzo et Kenza ?
- ⓐ Dans le gymnase
- ⓑ Dans la vieille maison
- ⓒ Dans la cour de l'école

2 Qui est avec le directeur ?
- ⓐ Un policier
- ⓑ Deux policiers
- ⓒ Dix policiers

3 Où est le directeur ?
- ⓐ Dans le son bureau
- ⓑ Dans la vieille maison
- ⓒ Dans la cour de l'école

4 Que fait le personnage mystérieux ?
- ⓐ Il part à vélo.
- ⓑ Il part avec son sac à dos plein de billets.
- ⓒ Il part avec sa trottinette.

5 Qui est le personnage mystérieux ?
- ⓐ Un voleur
- ⓑ Un élève
- ⓒ Un sportif

SOLUTIONS

Un personnage mystérieux dans l'école

1. ⓒ Mardi
2. ⓑ Dans le bureau du directeur
3. ⓐ 25-35-58-42-17
4. ⓒ Il prend une boîte rouge.
5. ⓑ À 16 h 30

Où est le personnage mystérieux ?

1. ⓒ En trottinette
2. ⓑ Il porte un survêtement noir avec une capuche.
3. ⓐ Ils jouent au basket.
4. ⓒ Il joue du saxophone.
5. ⓐ Ils font du roller.

Les courses du directeur

1. ⓑ Un magasin de sport et une librairie
2. ⓒ 79 euros et 85 centimes
3. ⓐ 95 euros et 75 centimes
4. ⓒ Dans la boîte rouge
5. ⓒ Parce qu'on a volé la clé.

Où est la maison ?

1. ⓑ Dans la vieille maison
2. ⓑ Une lampe de poche
3. ⓐ Pour qu'il apporte une lampe de poche
4. ⓑ Il se déplace à vélo.
5. ⓒ Devant le cinéma, il tourne à gauche et à la gare, il tourne à droite, et il continue tout droit.

La boîte rouge

1. ⓐ Un chiffon rouge
2. ⓑ Dans la salle de bain
3. ⓒ Dans la chambre
4. ⓐ Une souris
5. ⓐ Une boîte rouge avec un code

Le personnage mystérieux

1. ⓒ Dans la cour de l'école
2. ⓑ Deux policiers
3. ⓐ Dans son bureau
4. ⓑ Il part avec son sac à dos plein de billets.
5. ⓐ Un voleur

ISBN : 978-209-035-806-3
© CLE INTERNATIONAL 2023
Directrice éditoriale : Béatrice Rego
Édition : Virginie Poitrasson
Conception et mise en page maquette : Valérie Klein/Domino
Illustrations : Oscar Fernandez